JN447171

판판 어린이 중국어 1

Work Book

YBEP

이 책의 활용법

성조와 발음 연습

듣기 연습을 하면서 성조와 발음을 복습해요.

1 녹음을 잘 듣고 알맞은 성조를 찾아 빈칸에 O표 하세요.

pā ☐ pá ☐ pǎ ☐ pà ☐

2 녹음을 잘 듣고 맞는 발음에 O표 하세요.

(1) liào ☐ jiào ☐

(2) shénme ☐ zhénme ☐

단어 듣기

녹음을 듣고 알맞은 단어를 연결하거나,
해당하는 스티커를 순서대로 붙이면서 단어를 복습해요.

3 녹음을 잘 듣고 그림에 알맞은 병음 스티커를 순서대로 붙여 주세요.

중국어 발음 연습

본 교재에서 배운 발음을 다시 한번 익혀보세요.

4 녹음을 잘 듣고 빈칸에 알맞은 성모를 넣어주세요.

(1)  __ēge (2)  __ē (3)  __ū

병음 쓰기

주어진 단어나 그림을 보고 병음 쓰기 연습을 해 보세요.

5 같은 물고기에 있는 병음을 골라 단어를 만들어 써 보세요.

____ you　　___ mei

문장 듣기

녹음을 들으면서 녹음 내용에 알맞은 그림을 찾아보세요.

6 녹음을 잘 듣고 그림과 일치하면 O표, 아니면 ×표를 하세요.

(1)  ☐

(2)  ☐

단어 연결하기

알맞은 단어를 연결해 스티커를 붙인 뒤 예쁘게 색칠해 보세요.

7 어울리는 글자끼리 연결해 알맞은 중국어 스티커를 붙인 다음 예쁘게 색칠해 보세요.

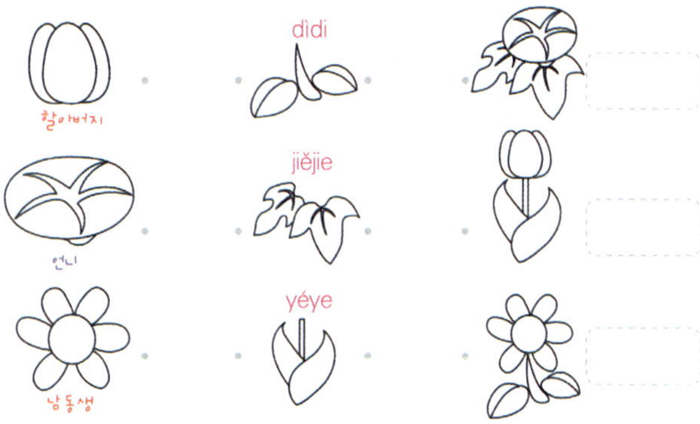

문장 완성하기

순서대로 스티커를 붙이면서 중국어 문장을 완성해 보세요.

7 페인트 색에 맞춰 순서대로 한자 스티커를 붙여 문장을 완성한 뒤 아래에 알맞은 병음 스티커도 붙여 보세요.

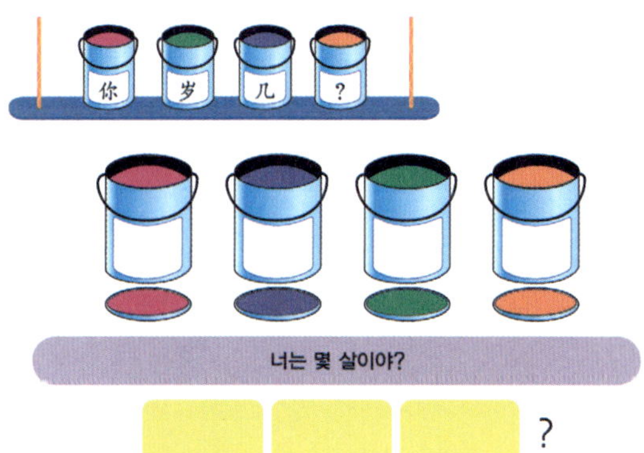

중국어 쓰기

획순에 따라 한 글자씩 중국어 쓰기 연습을 해 보세요.

10 한자와 병음을 예쁘게 쓰면서 큰 소리로 읽어보세요.

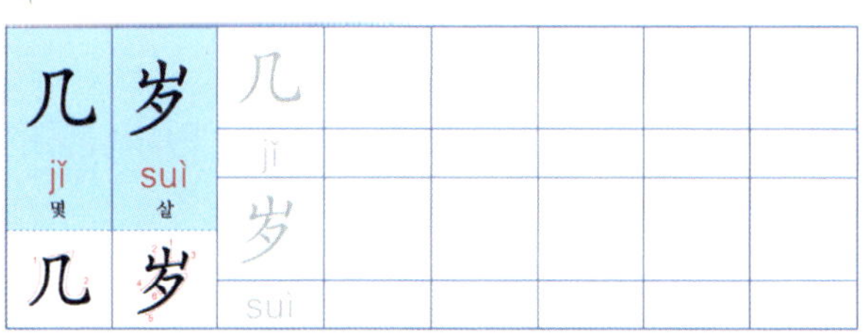

대화 완성하기

그림을 보고 대화 내용에 알맞은 스티커를 붙이면서 본문의 내용을 복습해 보세요.

8 그림 속 대화에 알맞은 중국어 스티커를 붙이고 큰 소리로 말해보세요.

활동 학습

다양한 활동을 통해 배운 내용을 재미있게 익혀보세요.

9 1부터 10까지 숫자를 순서대로 연결해 그림을 완성한 다음 예쁘게 색칠해 보세요.

차례

학기 초, 민국, 미란, 왕왕, 판판, 제프, 레나는
유치원 같은 반 친구가 되었답니다.
처음 만난 여섯 아이들은 서로 인사를 하면서 (你好! 안녕!)
이름을 물어보아요.(你叫什么名字? 너는 이름이 뭐니?)

다음날은 미란이의 생일이어서 친구들은 미란이네 집에 모여
생일파티를 하며 즐거운 시간을 보냈답니다.
(祝你生日快乐! 생일 축하해!)

며칠 뒤 판판이네 집에 놀러간 아이들은 판판의 가족앨범을 보면서
가족에 대한 이야기를 해요.(他是我爸爸。 이분은 우리 아빠야.)
사진을 보며 판판이 중국에서 온 걸 알게 된 친구들은 서로 어느 나라에
서 왔는지도 알아보았어요. (你是哪国人? 너는 어느 나라 사람이니?)
따뜻한 봄날을 맞아 놀이공원에 소풍을 간 친구들은 놀이기구를
타면서 다른 아이들을 만나 나이를 물으며 친해지기도 했고요,
(你几岁? 너는 몇 살이야?) 선생님이 풍선을
사주신다고 하셔서 예쁜 풍선을 고르면서 좋아하는 색깔에 대해
이야기를 했답니다. (我喜欢红色。 나는 빨간색을 좋아해.)

1 你好!

CD-01

1 녹음을 잘 듣고 빈칸에 알맞은 성조를 써 보세요.

a	a	a	a

2 녹음을 잘 듣고 빈칸에 알맞은 성조를 써 보세요.

(1) 你们好!　Nimen hao!

(2) 明天见!　Mingtian jian!

3 녹음을 잘 듣고 그림에 알맞은 발음과 연결해 보세요.

你好!

- Lǎoshī hǎo!
- Nǐ hǎo!
- Zàijiàn!

4 녹음을 잘 듣고 큰 소리로 따라 읽으면서 빈 칸에 써 보세요.

(1) ē é ě è

ē

(2) yī yí yǐ yì

yī

(3) wū wú wǔ wù

wū

(4) yū yú yǔ yù

yū

5 녹음을 잘 듣고 알맞은 병음을 축구공에서 찾아 써 보세요.

6 녹음을 잘 듣고 그림과 일치하면 ○표, 아니면 ×표를 하세요.

(1)

(2)

7 어울리는 글자끼리 연결해 알맞은 중국어 스티커를 붙인 다음 예쁘게 색칠해 보세요.

8 그림 속 대화에 알맞은 중국어 스티커를 붙이고 큰 소리로 말해보세요.

안녕!

9 그림을 보고 알맞은 병음 순서대로 따라 내려가 빈칸에 알맞은 병음 스티커를 붙여주세요.

n l z

ǐ ǎ ǎ

ǐ s o o à

f h h à s x

m a ǎ k h

n ǒ ǐ

g o ī

10 한자와 병음을 예쁘게 쓰면서 큰 소리로 읽어보세요.

你好 nǐ hǎo 안녕	你好 nǐ hǎo		
你好			

再见 zàijiàn 잘 가	再见 zàijiàn		
再见			

老师 lǎoshī 선생님	老师 lǎoshī		
老师			

2 你叫什么名字?

CD-02

1 녹음을 잘 듣고 알맞은 성조를 찾아 빈칸에 ○표 하세요.

pā □ pá □ pǎ □ pà □

2 녹음을 잘 듣고 맞는 발음에 ○표 하세요.

(1)
liào □
jiào □

(2)
shénme □
zhénme □

3 녹음을 잘 듣고 그림에 맞는 병음 스티커를 순서대로 붙여주세요.

n í i g

진달래반

m □ □ □ z □

4 녹음을 잘 듣고 빈칸에 알맞은 성모를 넣어주세요.

(1)  ___ó

(2)  ___ō

(3)  ___á

(4)  ___àba

5 같은 색깔 풍선에 있는 병음을 골라 단어를 만들어 써 보세요.

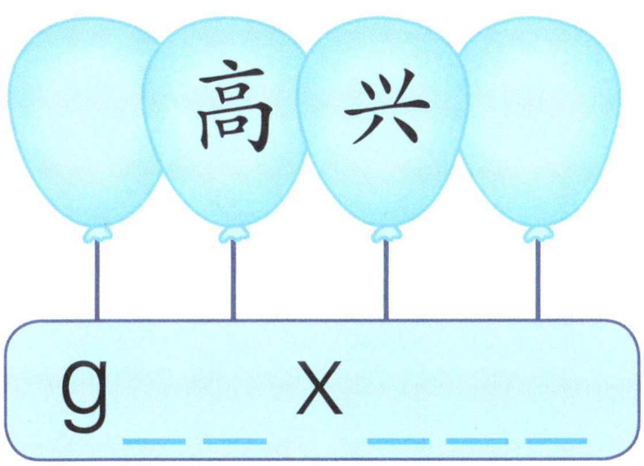

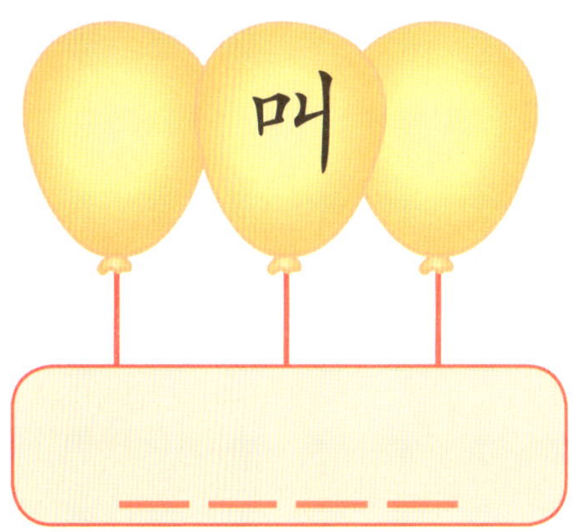

CD-02 너는 이름이 뭐니?

6 녹음을 잘 듣고 그림과 일치하면 ○표, 아니면 ×표를 하세요.

(1)

(2)

7 퍼즐 모양에 맞춰 순서대로 한자 스티커를 붙여 문장을 완성한 뒤 아래에 알맞은 병음 스티커도 붙여 보세요.

너는 이름이 뭐니?

Nǐ ______ ______ ______ ?

8 그림 속 대화에 알맞은 중국어 스티커를 붙이고 큰 소리로 말해보세요.

9 다음 중국어를 보고 알맞은 병음을 찾아 미로를 따라 내려간 뒤 빈칸에 써보세요.

你叫什么名字?

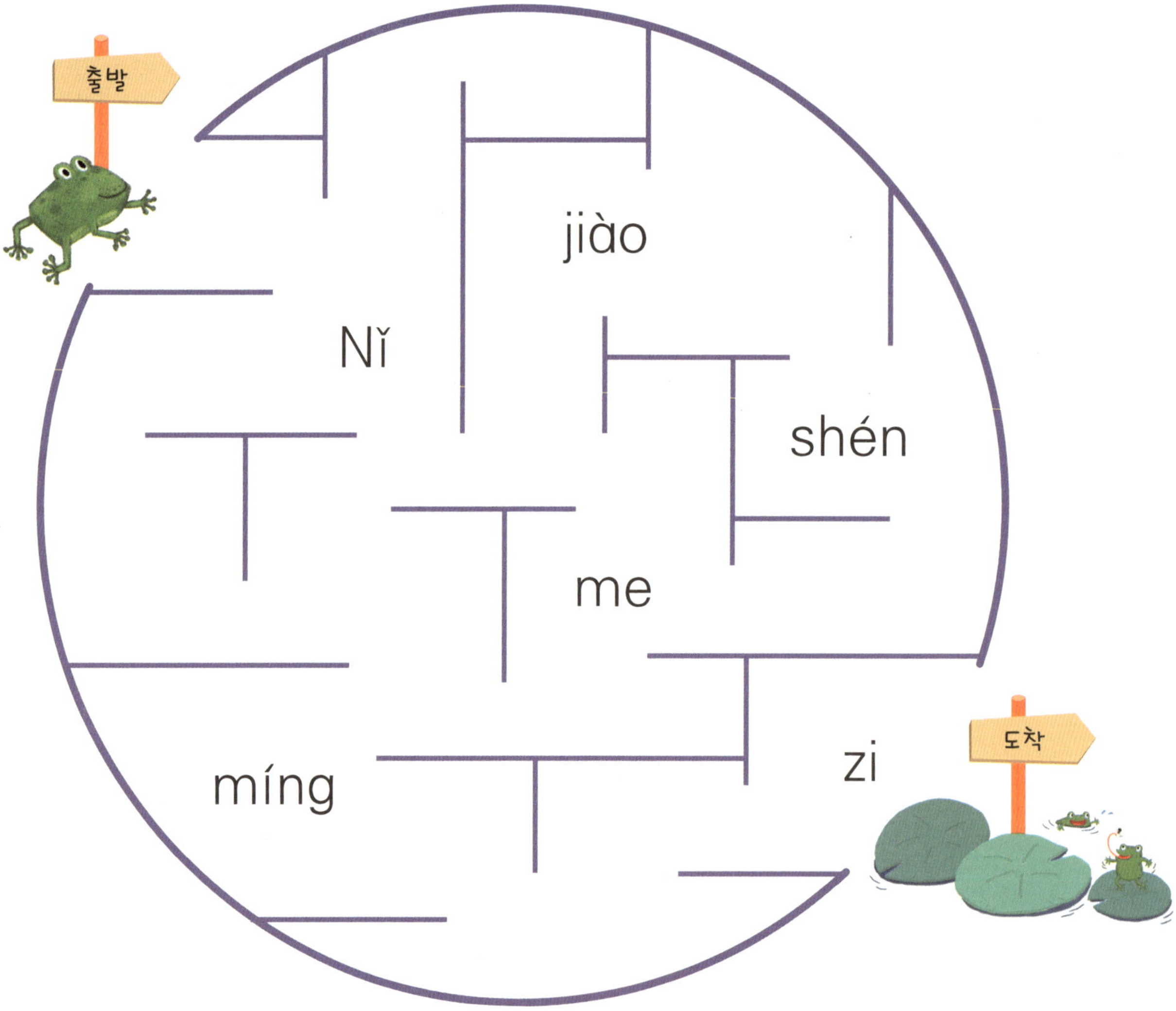

.... jiào .... míngzi?

10 한자와 병음을 예쁘게 쓰면서 큰 소리로 읽어보세요.

名字 míngzi 이름	名字 míngzi		
名字			

叫 jiào 부르다	叫 jiào		
叫			

高兴 gāoxìng 기뻐하다	高兴 gāoxìng		
高兴			

3 祝你生日快乐!

CD-03

1 녹음을 잘 듣고 알맞은 성조를 찾아 빈칸에 O표 하세요.

tī tí tǐ tì

2 녹음을 잘 듣고 맞는 발음에 O표 하세요.

(1)

bú kèqi

xièxie

(2)

méi guānxi

duìbuqǐ

3 녹음을 잘 듣고 그림에 알맞은 발음과 연결해 보세요.

xièxie

qǐng jìn

chídào

4 녹음을 잘 듣고 빈칸에 알맞은 성모를 넣어주세요.

(1)  ___ā

(2)  ___ìdi

(3)  ___á

(4)  ___ī

5 다음 병음을 올바른 순서대로 쓰고 큰 소리로 읽어보세요.

g ǐ ò n u

q □ □ □ z □ □

u b d ì u

□ □ □ □ □ qǐ

CD-03

생일 축하해!

6 녹음을 잘 듣고 그림과 일치하면 ○표, 아니면 ×표를 하세요.

(1)

(2)

7 어울리는 글자끼리 연결해 알맞은 중국어 스티커를 붙인 다음 예쁘게 색칠해 보세요.

8 그림 속 대화에 알맞은 중국어 스티커를 붙이고 큰 소리로 말해보세요.

9 보기에 있는 단어를 찾아 ○표 해 보세요.

보기

(1) xièxie (2) duìbuqǐ (3) bú kèqi
(4) méi guānxi (5) qǐng jìn (6) qǐng zuò

你	生	谢	谢	名
对	兴	么	目	快
不	好	请	坐	没
起	客	乐	进	关
叫	什	气	字	系

10 한자와 병음을 예쁘게 쓰면서 큰 소리로 읽어보세요.

快乐 kuàilè 즐겁다 快乐	快乐 kuàilè		

谢谢 xièxie 고마워 谢谢	谢谢 xièxie		

对不起 duìbuqǐ 미안해 对不起	对不起 duìbuqǐ		

4 他是我爸爸。

CD-04

1 녹음을 잘 듣고 알맞은 성조를 찾아 빈칸에 ○표 하세요.

kū □ kú □ kǔ □ kù □

2 녹음을 잘 듣고 맞는 발음에 ○표 하세요.

(1)

yéye □

yèye □

(2)

dǐdi □

dìdi □

3 녹음을 잘 듣고 그림에 알맞은 발음과 연결해 보세요.

nǎinai

jiějie

yéye

4 녹음을 잘 듣고 빈칸에 알맞은 성모를 넣어주세요.

(1)  ___ēge

(2)  ___ē

(3)  ___ū

5 같은 물고기에 있는 병음을 골라 단어를 만들어 써 보세요.

朋友
_ _ _ _ you

妹妹
_ _ _ mei

이분은 우리 아빠야.

6 녹음을 잘 듣고 그림과 일치하면 ○표, 아니면 ×표를 하세요.

(1)

(2)

7 어울리는 글자끼리 연결해 알맞은 중국어 스티커를 붙인 다음
예쁘게 색칠해 보세요.

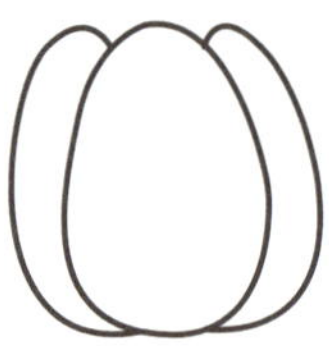

할아버지

dìdi

언니

jiějie

남동생

yéye

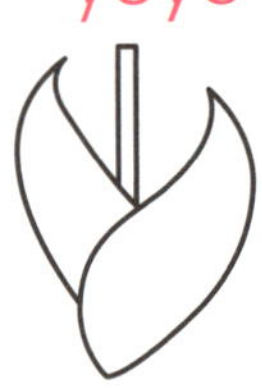

8 그림 속 대화에 알맞은 중국어 스티커를 붙이고 큰 소리로 말해보세요.

9 아빠와 엄마의 얼굴을 예쁘게 그린 다음 사과나무에 있는 글자들로 문장을 만들어 써 보세요.

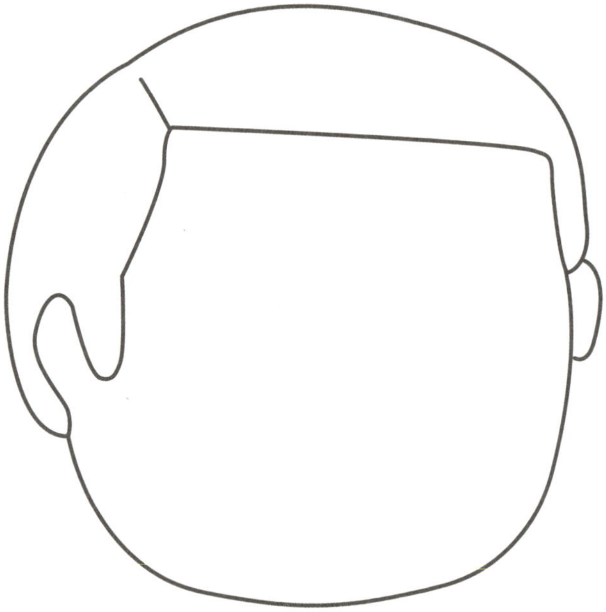

이분은 우리 아빠야.

이분은 우리 엄마야.

10 한자와 병음을 예쁘게 쓰면서 큰 소리로 읽어보세요.

爸爸 bàba 아빠	爸爸 bàba		
爸爸			

妈妈 māma 엄마	妈妈 māma		
妈妈			

弟弟 dìdi 남동생	弟弟 dìdi		
弟弟			

5 你是哪国人?

CD-05

1 녹음을 잘 듣고 알맞은 성조를 찾아 빈칸에 ○표 하세요.

jī jí jǐ jì

2 녹음을 잘 듣고 맞는 발음에 ○표 하세요.

(1)

Àodàlìyà

Yìndùrén

(2)

Fǎguórén

Rìběnrén

3 녹음을 잘 듣고 그림에 알맞은 병음 스티커를 순서대로 붙여 주세요.

g ō n h z

guó

4 녹음을 잘 듣고 빈칸에 알맞은 성모를 넣어주세요.

(1)  ___ī

(2)  ___īguā

(3)  ___ī

5 같은 비눗방울에 있는 병음을 골라 단어를 만들어 써 보세요.

韩国 ________

英国 ________ guó

너는 어느 나라 사람이니?

6 녹음을 잘 듣고 그림과 일치하면 ○표, 아니면 ×표를 하세요.

(1)

(2)

7 퍼즐 모양에 맞춰 순서대로 한자 스티커를 붙여 문장을 완성한 뒤 아래에 알맞은 병음 스티커도 붙여 보세요.

人 哪 你 国 ? 是

너는 어느 나라 사람이니?

Nǐ shì ______ ______ ______ ?

8 그림 속 대화에 알맞은 중국어 스티커를 붙이고 큰 소리로 말해보세요.

9 세로 열쇠와 가로 열쇠를 잘 보고 알맞은 병음을 써 넣어 낱말 퍼즐을 완성해 보세요.

	❶ À									
	o					❸ H		❹		
				❷ ❺					u	ó
	l			ì		g		u		
❻		b						ó		
				d						

〈세로 열쇠〉

(1) 

澳大利亚

(2) 

印度

(3) 

韩国

(4) 

法国

〈가로 열쇠〉

(5) 

英国

(6) 

日本

10 한자와 병음을 예쁘게 쓰면서 큰 소리로 읽어보세요.

韩国 Hánguó 한국	韩国 Hánguó		
韩国			
美国 Měiguó 미국	美国 Měiguó		
美国			
英国 Yīngguó 영국	英国 Yīngguó		
英国			

6 你几岁？

CD-06

1 녹음을 잘 듣고 알맞은 성조를 찾아 빈칸에 ○표 하세요.

五 八 九 七

zī	zí	zǐ	zì
☐	☐	☐	☐

2 녹음을 잘 듣고 맞는 발음에 ○표 하세요.

(1)

suī ☐

suì ☐

(2)

liǔ ☐

liù ☐

3 녹음을 잘 듣고 그림에 알맞은 병음 스티커를 순서대로 붙여 주세요.

Wǒ ◯ ◯ ◯ ◯ ◯ .

4 녹음을 잘 듣고 빈칸에 알맞은 성모를 넣어주세요.

(1) 

__ì

(2) 

__ì

(3) 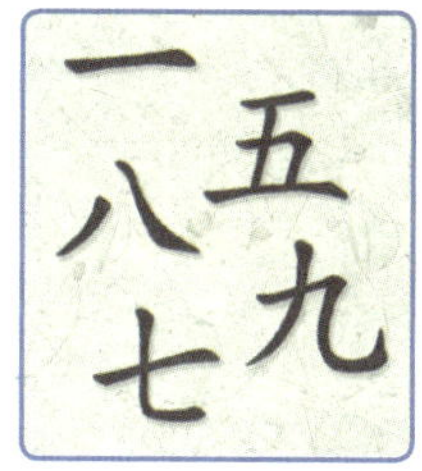

__ì

5 다음의 꽃을 어울리는 꽃병에 꽂아주세요.

(1) (2) (3) (4)

sān wǔ yī qī

CD-06 너는 몇 살이야?

6 녹음을 잘 듣고 그림과 일치하면 ○표, 아니면 ×표를 하세요.

(1)

(2)

7 페인트 색에 맞춰 순서대로 한자 스티커를 붙여 문장을 완성한 뒤 아래에 알맞은 병음 스티커도 붙여 보세요.

너는 몇 살이야?

?

8 그림 속 대화에 알맞은 중국어 스티커를 붙이고 큰 소리로 말해보세요.

너는 몇 살이야?

9 1부터 10까지 숫자를 순서대로 연결해 그림을 완성한 다음 예쁘게 색칠해 보세요.

10 한자와 병음을 예쁘게 쓰면서 큰 소리로 읽어보세요.

几 jǐ 몇	岁 suì 살	几 jǐ					
几	岁	岁 suì					

四 sì 4	五 wǔ 5	四 sì					
四	五	五 wǔ					

六 liù 6	九 jiǔ 9	六 liù					
六	九	九 jiǔ					

7 我喜欢红色。

CD-07

1 녹음을 잘 듣고 알맞은 성조를 찾아 빈칸에 ○표 하세요.

zhī　zhí　zhǐ　zhì

2 녹음을 잘 듣고 맞는 발음에 ○표 하세요.

(1)

xīguā

xǐhuan

(2)

lǜsè

zǐsè

3 녹음을 잘 듣고 그림에 알맞은 병음 스티커를 순서대로 붙여 주세요.

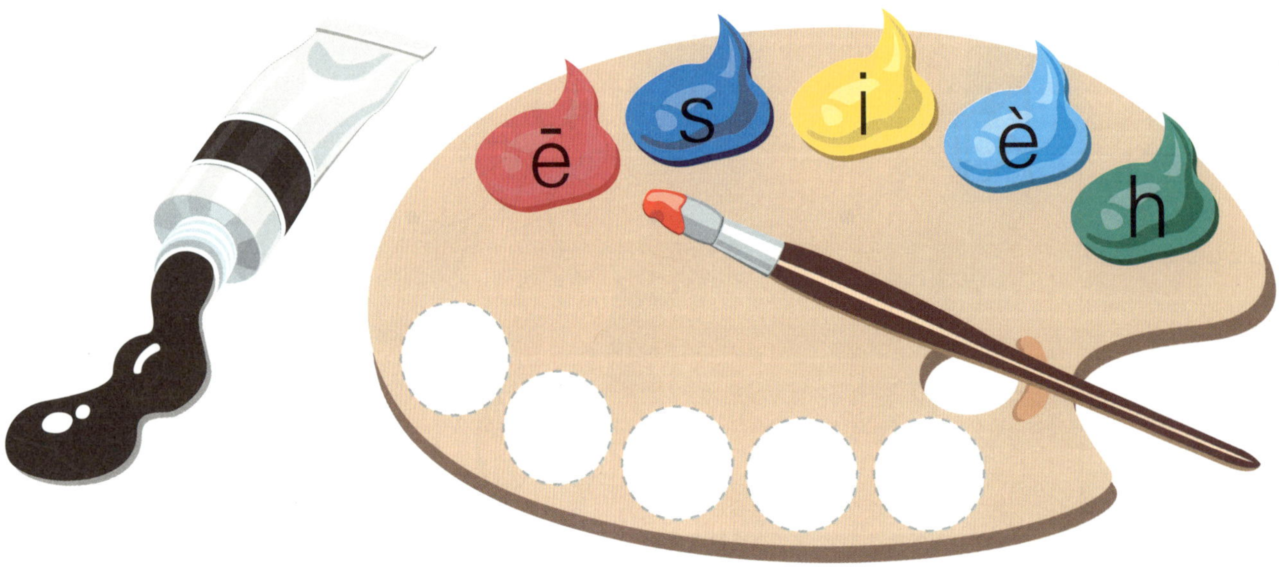

4 녹음을 잘 듣고 빈칸에 알맞은 성모를 넣어주세요.

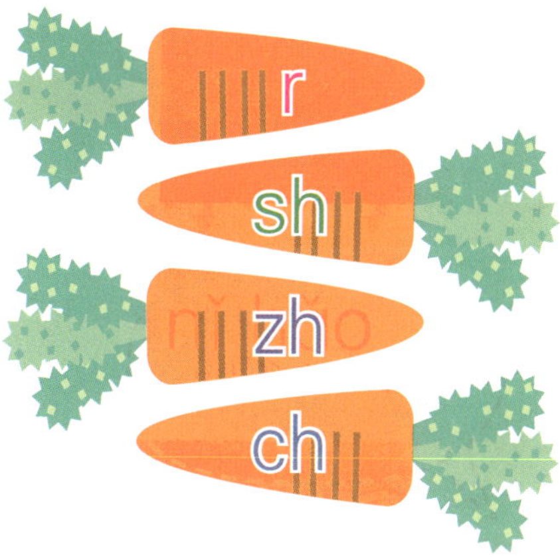

(1)  ____ī

(2)  ____ǐ

(3)  ____īzi

(4)  ____è

5 같은 색깔 풍선에 있는 병음을 골라 단어를 만들어 써 보세요.

___ ___ ___ sè

___ ___ ___ ___ ___ sè

___ ___ ___ ___ ___ sè

나는 빨간색을 좋아해.

6 녹음을 잘 듣고 그림과 일치하면 ○표, 아니면 ×표를 하세요.

(1)

(2)

7 페인트 색에 맞춰 순서대로 한자 스티커를 붙여 문장을 완성한 뒤 아래에 알맞은 병음 스티커도 붙여 보세요.

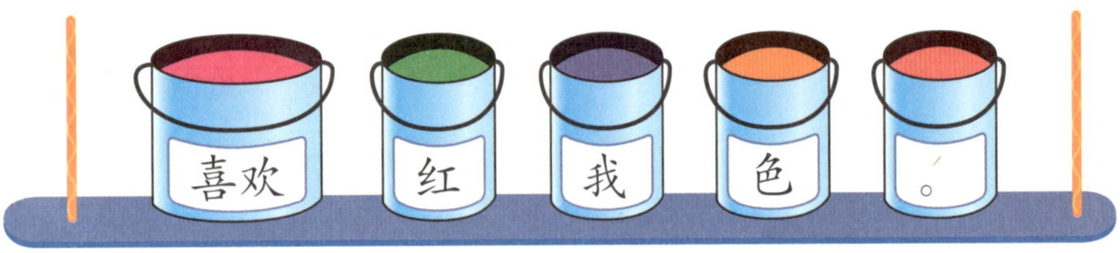

나는 빨간색을 좋아해.

Wǒ				.

8 그림 속 대화에 알맞은 중국어 스티커를 붙이고 큰 소리로 말해보세요.

나는 빨간색을 좋아해.

9 다음 색깔에 알맞은 병음을 따라 미로를 통과한 뒤 아래의 빈 칸에 병음을 적은 다음 해당하는 색깔로 그림도 예쁘게 색칠해 보세요.

10 한자와 병음을 예쁘게 쓰면서 큰 소리로 읽어보세요.

色	红	色
sè 색	hóng 빨강	sè
色	红	红
		hóng

黄	蓝	黄
huáng 노랑	lán 파랑	huáng
黄	蓝	蓝
		lán

绿	黑	绿
lǜ 초록	hēi 검정	lǜ
绿	黑	黑
		hēi

1 你好!

1 녹음을 잘 듣고 빈칸에 알맞은 성조를 써 보세요.

ā á ǎ à

2 녹음을 잘 듣고 빈칸에 알맞은 성조를 써 보세요.

(1) 你们好! Nǐmen hǎo!

(2) 明天见! Míngtiān jiàn!

3 녹음을 잘 듣고 그림에 알맞은 발음과 연결해 보세요.

你好! — Nǐ hǎo!

Lǎoshī hǎo!

Nǐ hǎo!

Zàijiàn!

6~10쪽 1과

4 녹음을 잘 듣고 큰 소리로 따라 읽으면서 빈 칸에 써 보세요.

(1) ē é ě è — ē é ě è

(2) yī yí yǐ yì — yī yí yǐ yì

(3) wū wú wǔ wù — wū wú wǔ wù

(4) yū yú yǔ yù — yū yú yǔ yù

5 녹음을 잘 듣고 알맞은 병음을 축구공에서 찾아 써 보세요.

小朋友

x i ǎ o p é n g y ǒ u

안녕!

6 녹음을 잘 듣고 그림과 일치하면 O표, 아니면 ×표를 하세요.

(1)

O

(2)

X

7 어울리는 글자끼리 연결해 알맞은 중국어 스티커를 붙인 다음 예쁘게 색칠해 보세요.

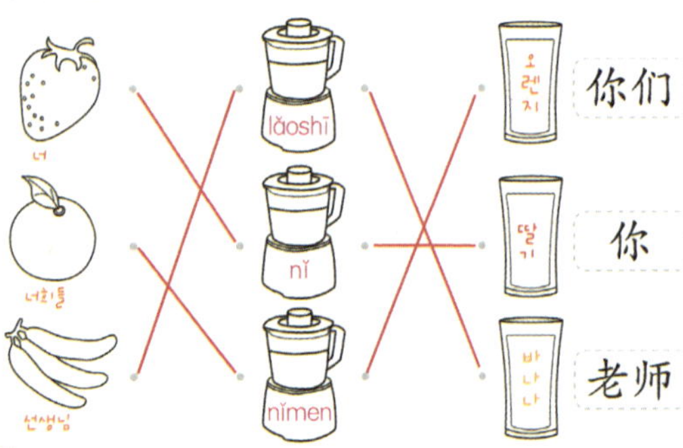

8 그림 속 대화에 알맞은 중국어 스티커를 붙이고 큰 소리로 말해보세요.

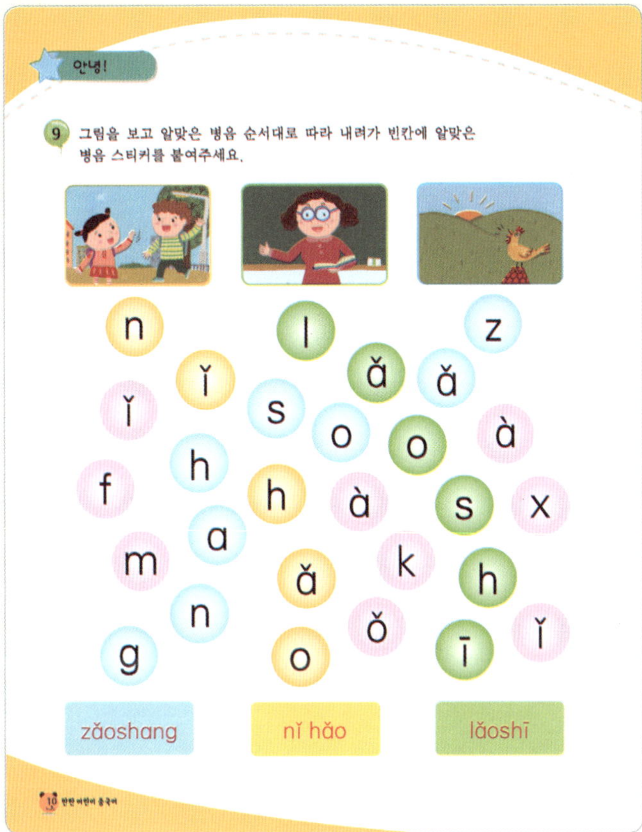

안녕!

9 그림을 보고 알맞은 병음 순서대로 따라 내려가 빈칸에 알맞은 병음 스티커를 붙여주세요.

n ǐ l ǎ z ǐ s o o ǎ à h f h à s x a m ǎ k h n ǒ ī ǐ g o

zǎoshang nǐ hǎo lǎoshī

10 반짝 어린이 중국어

2 你叫什么名字?

1 녹음을 잘 듣고 알맞은 성조를 찾아 빈칸에 O표 하세요.

pā pá (O) pǎ pà

2 녹음을 잘 듣고 맞는 발음에 O표 하세요.

(1) liào / jiào (O)

(2) shénme (O) / zhénme

3 녹음을 잘 듣고 그림에 맞는 병음 스티커를 순서대로 붙여주세요.

n í i g

진달래반 盼盼

m í n g z i

12 반짝 어린이 중국어

2과 12~16쪽

4 녹음을 잘 듣고 빈칸에 알맞은 성모를 넣어주세요.

b f p m

(1) f ó (2) m ō (3) p á (4) b àba

5 같은 색깔 풍선에 있는 병음을 골라 단어를 만들어 써 보세요.

ā j o n à g ì i o

高兴 — gāoxìng

叫 — jiào

너는 이름이 뭐니? 13

너는 이름이 뭐니?

6 녹음을 잘 듣고 그림과 일치하면 O표, 아니면 ×표를 하세요.

(1) 진달래반 美兰 O

(2) 진달래반 民国 X

7 퍼즐 모양에 맞춰 순서대로 한자 스티커를 붙여 문장을 완성한 뒤 아래에 알맞은 병음 스티커도 붙여 보세요.

叫 名字 你 什么 ?

你 叫 什么 名字 ?

너는 이름이 뭐니?

Nǐ jiào shénme míngzi ?

14 반짝 어린이 중국어

8 그림 속 대화에 알맞은 중국어 스티커를 붙이고 큰 소리로 말해보세요.

너는 이름이 뭐니?

9 다음 중국어를 보고 알맞은 병음을 찾아 미로를 따라 내려간 뒤 빈칸에 써보세요.

你叫什么名字?

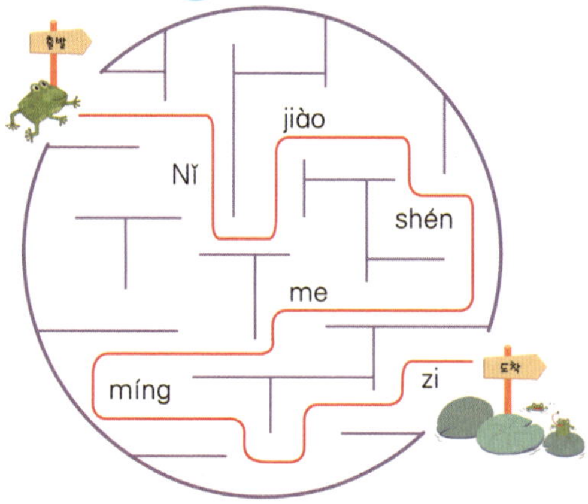

Nǐ jiào shénme míngzi?

3 祝你生日快乐!

1 녹음을 잘 듣고 알맞은 성조를 찾아 빈칸에 O표 하세요.

tī	tí	tǐ	tì
O			

2 녹음을 잘 듣고 맞는 발음에 O표 하세요.

(1)
- bú kèqi O
- xièxie

(2)
- méi guānxi O
- duìbuqǐ

3 녹음을 잘 듣고 그림에 알맞은 발음과 연결해 보세요.

迟到 — chídào

- xièxie
- qǐng jìn
- chídào

4 녹음을 잘 듣고 빈칸에 알맞은 성모를 넣어주세요.

(1)  l ā
(2)  d ìdi
(3)  n á
(4)  t ī

5 다음 병음을 올바른 순서대로 쓰고 큰 소리로 읽어보세요.

g ǐ ò n u

q ǐ n g z u ò

u b d ì u

d u ì b u q ǐ

18~22쪽 3과

생일 축하해!

6 녹음을 잘 듣고 그림과 일치하면 ○표, 아니면 ×표를 하세요.

(1)

○

(2)

X

7 어울리는 글자끼리 연결해 알맞은 중국어 스티커를 붙인 다음 예쁘게 색칠해 보세요.

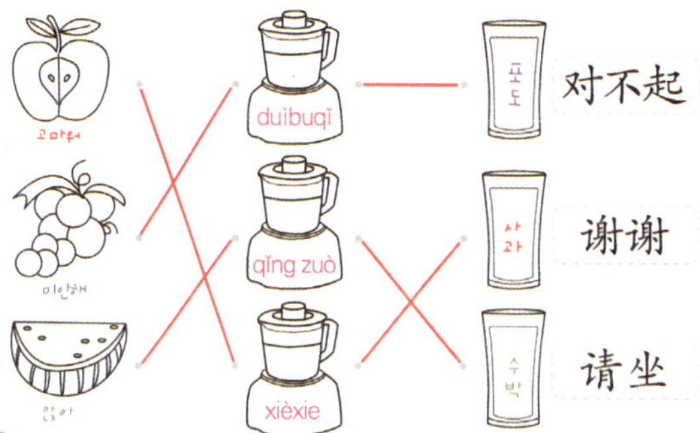

8 그림 속 대화에 알맞은 중국어 스티커를 붙이고 큰 소리로 말해보세요.

생일 축하해!

9 보기에 있는 단어를 찾아 ○표 해 보세요.

보기

(1) xièxie (2) duìbuqǐ (3) bú kèqi
(4) méi guānxi (5) qǐng jìn (6) qǐng zuò

你	生	谢	谢	名
对	兴	么	日	快
不	好	请	坐	没
起	客	乐	进	关
叫	什	气	字	系

4 他是我爸爸。

1 녹음을 잘 듣고 알맞은 성조를 찾아 빈칸에 ○표 하세요.

kū	kú	kǔ	kù
○			

2 녹음을 잘 듣고 맞는 발음에 ○표 하세요.

(1)
yéye ○
yèye

(2)
dǐdi
dìdi ○

3 녹음을 잘 듣고 그림에 알맞은 발음과 연결해 보세요.

nǎinai
jiějie
yéye

4과 24~28쪽

4 녹음을 잘 듣고 빈칸에 알맞은 성모를 넣어주세요.

(1) gēge (2) hē (3) kū

5 같은 물고기에 있는 병음을 골라 단어를 만들어 써 보세요.

朋友 péngyou

妹妹 mèimei

이분은 우리 아빠야.

6 녹음을 잘 듣고 그림과 일치하면 O표, 아니면 ×표를 하세요.

(1) 

O

(2) 

X

7 어울리는 글자끼리 연결해 알맞은 중국어 스티커를 붙인 다음 예쁘게 색칠해 보세요.

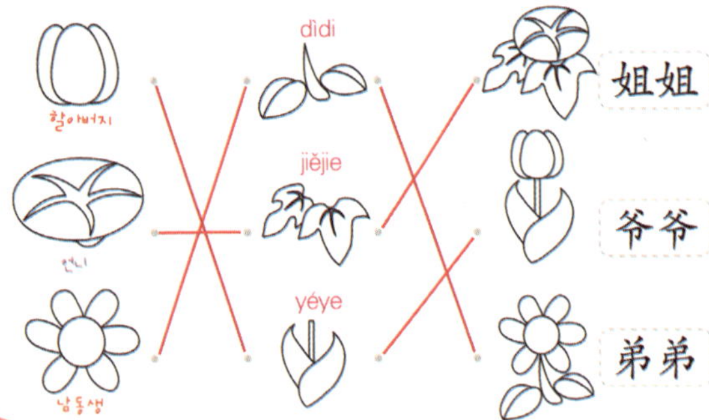

8 그림 속 대화에 알맞은 중국어 스티커를 붙이고 큰 소리로 말해보세요.

이분은 우리 아빠야.

9 아빠와 엄마의 얼굴을 예쁘게 그린 다음 사과나무에 있는 글자들로 문장을 만들어 써 보세요.

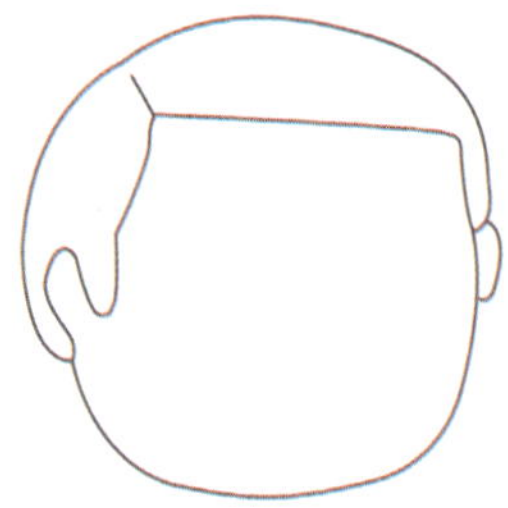

이분은 우리 아빠야.

Tā shì wǒ bàba.

이분은 우리 엄마야.

Tā shì wǒ māma.

5 你是哪国人?

1 녹음을 잘 듣고 알맞은 성조를 찾아 빈칸에 O표 하세요.

jī	jí	jǐ	jì
O			

2 녹음을 잘 듣고 맞는 발음에 O표 하세요.

(1) Àodàlìyà [ ]
Yìndùrén [O]

(2) Fǎguórén [O]
Rìběnrén [ ]

3 녹음을 잘 듣고 그림에 알맞은 병음 스티커를 순서대로 붙여 주세요.

g ō n h Z

Z h ō n g guó

30~34쪽 5과

5과 30~34쪽

4 녹음을 잘 듣고 빈칸에 알맞은 성모를 넣어주세요.

(1) 7 qī (2) xīguā (3) jī

5 같은 비눗방울에 있는 병음을 골라 단어를 만들어 써 보세요.

H Y u n g ó g ī á n

韩国 Hánguó

英国 Yīngguó

너는 어느 나라 사람이니?

6 녹음을 잘 듣고 그림과 일치하면 O표, 아니면 ×표를 하세요.

(1) X

(2) O

7 퍼즐 모양에 맞춰 순서대로 한자 스티커를 붙여 문장을 완성한 뒤 아래에 알맞은 병음 스티커도 붙여 보세요.

人 哪 你 国 ? 是

你 是 哪 国 人 ?

너는 어느 나라 사람이니?

Nǐ shì nǎ guó rén ?

8 그림 속 대화에 알맞은 중국어 스티커를 붙이고 큰 소리로 말해보세요.

너는 어느 나라 사람이니?

9 세로 열쇠와 가로 열쇠를 잘 보고 알맞은 병음을 써 넣어 낱말 퍼즐을 완성해 보세요.

	①À									
	o					③H		④F		
	d					á		ǎ		
	à			②⑤Y	ī	n	g	g	u	ó
	l			ì		g		u		
⑥R	ì	b	ě	n		u		ó		
	y			d		ó				
	à			ù						

〈세로 열쇠〉 〈가로 열쇠〉

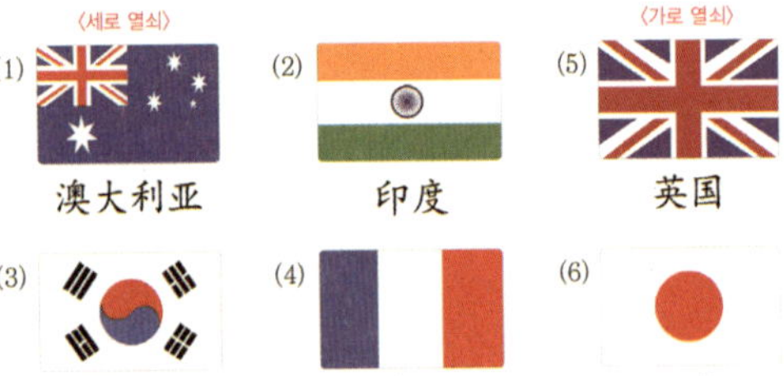

(1) 澳大利亚 (2) 印度 (5) 英国

(3) 韩国 (4) 法国 (6) 日本

6 你几岁?

1 녹음을 잘 듣고 알맞은 성조를 찾아 빈칸에 O표 하세요.

zī ☐ zí ☐ zǐ ☐ zì ☑O

2 녹음을 잘 듣고 맞는 발음에 O표 하세요.

(1) suī ☐ suì O

(2) liǔ ☐ liù O

3 녹음을 잘 듣고 그림에 알맞은 병음 스티커를 순서대로 붙여 주세요.

6과 36~40쪽

4 녹음을 잘 듣고 빈칸에 알맞은 성모를 넣어주세요.

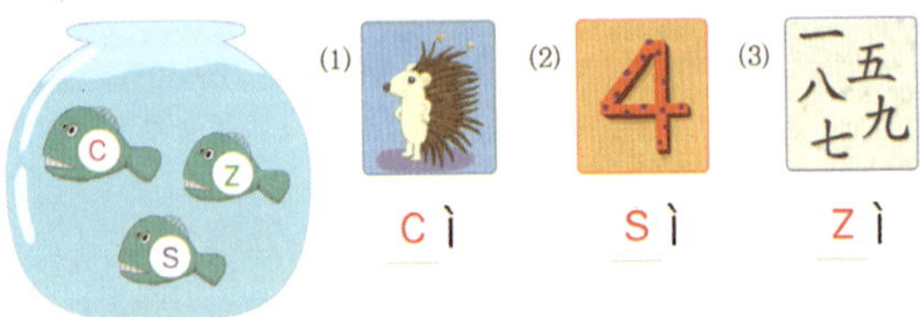

(1) c ì (2) s ì (3) z ì

5 다음의 꽃을 어울리는 꽃병에 꽂아주세요.

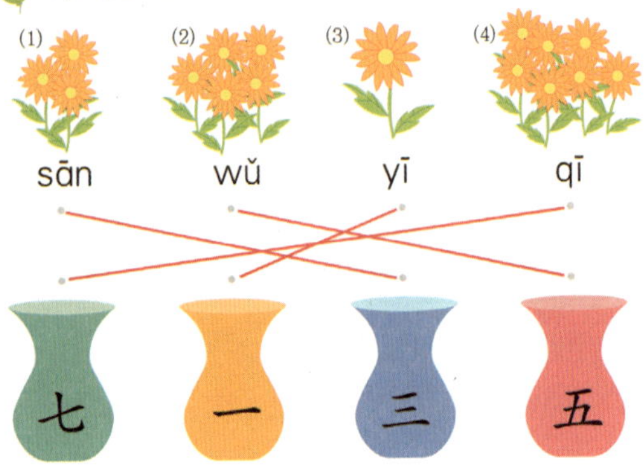

너는 몇 살이야?

6 녹음을 잘 듣고 그림과 일치하면 O표, 아니면 ×표를 하세요.

(1) O (2) X

7 페인트 색에 맞춰 순서대로 한자 스티커를 붙여 문장을 완성한 뒤 아래에 알맞은 병음 스티커도 붙여 보세요.

너는 몇 살이야?

Nǐ jǐ suì ?

8 그림 속 대화에 알맞은 중국어 스티커를 붙이고 큰 소리로 말해보세요.

너는 몇 살이야?

9 1부터 10까지 숫자를 순서대로 연결해 그림을 완성한 다음 예쁘게 색칠해 보세요.

7 我喜欢红色。

1 녹음을 잘 듣고 알맞은 성조를 찾아 빈칸에 ○표 하세요.

zhī	zhí	zhǐ	zhì
		○	

2 녹음을 잘 듣고 맞는 발음에 ○표 하세요.

(1)

xīguā	
xǐhuan	○

(2)

lǜsè	○
zǐsè	

3 녹음을 잘 듣고 그림에 알맞은 병음 스티커를 순서대로 붙여 주세요.

4 녹음을 잘 듣고 빈칸에 알맞은 성모를 넣어주세요.

(1)  ch ī

(2)  zh ǐ

(3)  sh īzi

(4)  r è

5 같은 색깔 풍선에 있는 병음을 골라 단어를 만들어 써 보세요.

나는 빨간색을 좋아해.

6 녹음을 잘 듣고 그림과 일치하면 ○표, 아니면 ×표를 하세요.

(1) X　(2) O

7 페인트 색에 맞춰 순서대로 한자 스티커를 붙여 문장을 완성한 뒤 아래에 알맞은 병음 스티커도 붙여 보세요.

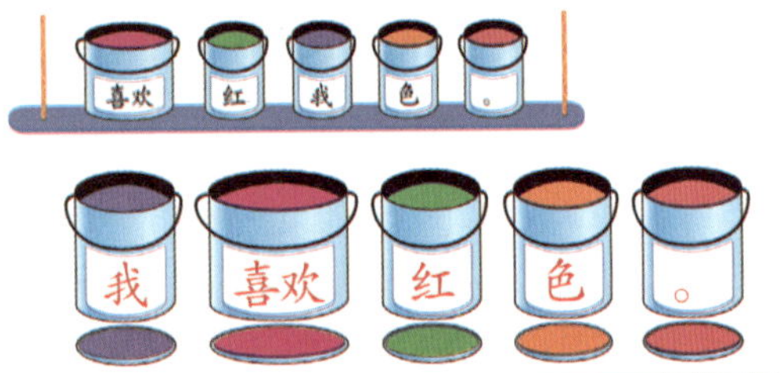

나는 빨간색을 좋아해.

Wǒ　xǐhuan　hóng　sè　.

44 판판 어린이 중국어

8 그림 속 대화에 알맞은 중국어 스티커를 붙이고 큰 소리로 말해보세요.

나는 빨간색을 좋아해. 45

나는 빨간색을 좋아해.

9 다음 색깔에 알맞은 병음을 따라 미로를 통과한 뒤 아래의 빈 칸에 병음을 적은 다음 해당하는 색깔로 그림도 예쁘게 색칠해 보세요.

huángsè　lánsè　fěnhóngsè　lǜsè

46 판판 어린이 중국어

1
스티커
Work Book

1과 8p

你们

你

老师

1과 9p

老师好!
Lǎoshī hǎo!

晚安!
Wǎn'ān!

1과 10p

zǎoshang

nǐ hǎo

lǎoshī

2과 12p

í n g i

2과 14p

叫	名字	你	什么	?

jiào shénme míngzi

2과 15p

我叫兔子。
Wǒ jiào tùzi.

认识你很高兴。
Rènshi nǐ hěn gāoxìng.

3과 20p

对不起

谢谢

请坐

3과 21p

谢谢。
Xièxie.

没关系。
Méi guānxi.

5과 30p

Z h ō n g

4과 26p

姐姐

爷爷

弟弟

不是,他是我哥哥。
Bú shì, tā shì wǒ gēge.

他是谁?
Tā shì shéi?

5과 32p

人	哪	你
国	?	是

nǎ guó rén

1
스티커
Work Book

5과 33p

我是美国人。
Wǒ shì Měiguórén.

他是日本人。
Tā shì Rìběnrén.

6과 36p

q ī s u ì

6과 39p

你哥哥多大?
Nǐ gēge duō dà?

6과 38p

你 几 岁 ?

Nǐ jǐ suì

我也八岁。
Wǒ yě bā suì.

7과 42p

h ē i s è

7과 45p

你喜欢什么颜色?
Nǐ xǐhuan shénme yánsè?

7과 44p

我 色 红 喜欢 。

xǐhuan hóng sè

我不喜欢黑色。
Wǒ bù xǐhuan hēisè.